LA
GUERRE DE 1870

SOUVENIRS ET IMPRESSIONS D'UN JEUNE CAPTIF

Extrait de *L'Université catholique*

LYON

IMPRIMERIE EMMANUEL VITTE

RUE DE LA QUARANTAINE, 18

1904

[illegible]

[illegible]

[illegible]

[illegible]

[illegible]

La Guerre de 1870

LA
GUERRE DE 1870

SOUVENIRS ET IMPRESSIONS D'UN JEUNE CAPTIF

Extrait de *L'Université catholique*

LYON

IMPRIMERIE EMMANUEL VITTE

RUE DE LA QUARANTAINE, 18

1904

LA
GUERRE DE 1870

SOUVENIRS & IMPRESSIONS D'UN JEUNE CAPTIF

INTRODUCTION

POURQUOI PUBLIER AUJOURD'HUI CES SOUVENIRS?

Il y a trente-deux ans, alors que la patrie agonisait sous les coups d'une guerre désastreuse, entreprise fièvreusement et conduite à l'aventure, un jeune soldat (1), presque un

---

(1) Alphonse Chantron, enfant de Vienne et de Lyon, fils d'un lieutenant-colonel d'artillerie, neveu d'un colonel d'artillerie, petit-neveu de colonels d'artillerie du premier Empire, jeune cousin du capitaine Meyssonnier, avait commencé ses études au lycée de Lyon et il les avait terminées à Paris, au collège de la rue des Postes. Il ne fut pas admis à Saint-Cyr et s'engagea dans l'arme où sa famille avait laissé des traces. Il allait, après cinq ans de services, concourir pour l'épaulette, lorsque la guerre éclata.

Son régiment tenait garnison à Metz : il était donc en première ligne.

Généreuse nature, soldat discipliné, plein d'un jeune entrain et doué en même temps de jugement, il se peint tout entier dans les notes qui vont suivre, en même temps qu'il décrit presque toujours exactement les événements, quelque difficile que ce soit, même aux acteurs. Il fit son devoir avec zèle et loyauté, c'est l'impression qui ressort de son récit; c'est celle que nous avons recueillie de ceux qui ont été au feu avec lui; c'est celle du capitaine qu'il nomme trop souvent et qui l'appréciait sans le lui dire.

enfant, mourait captif sur la terre étrangère avant d'avoir connu sa nomination au grade d'officier, qu'il avait brillamment conquis par ses blessures et sa conduite sur les champs de bataille de Borny, de Gravelotte et de Saint-Privat. Sa mère a pieusement recueilli le carnet dans lequel il écrivait pour elle, au jour le jour, ses pensées et ses souvenirs, les noms de ses camarades de batterie et ses impressions intimes, émotions terribles et douloureuses que nous avons tous cruellement ressenties en ces jours de deuil.

Interné à Wesel, il raconte, pour le cercle intime de sa famille, la campagne à laquelle il a assisté, les préparatifs incomplets de la mobilisation ; il décrit son régiment qui n'a ni chevaux ni canons, la précipitation et le désordre de la dernière heure, l'entrain et la bonne volonté des braves soldats qui espèrent qu'avec du courage on peut tout réparer, puis les lenteurs, les contretemps, les hésitations funestes, les incertitudes et, enfin, les derniers désastres, le désarroi, la reddition de Metz, l'exode navrant et douloureux des pauvres prisonniers conduits par bandes, par troupeaux sur la terre étrangère, exposés aux outrages, aux humiliations et aux traitements les plus barbares.

Tout à coup l'écriture du prisonnier est moins régulière, sa main tremble, il dicte encore à un camarade une page, puis la narration s'arrête brusquement ! il n'y a plus que des pages blanches sur le petit carnet, confident discret, de tant de misères et de douleurs ! Le soldat est mort en parlant à ceux qu'il a aimés, douce et innocente victime de la guerre la plus désastreuse et la plus cruelle entre deux nations que l'on dit civilisées ! — Pourquoi rappeler ces tristes souvenirs à l'heure où tant de bonnes âmes, d'esprits candides proclament la paix universelle et demandent le désarmement ? — Nous sommes Français ; nous ne pouvons oublier. Il nous semble donc utile de redire les indignations et les sentiments d'un loyal soldat qui a vu de ses yeux, qui a pu juger de la valeur de nos ennemis et connaître la vraie cause de nos désastres.

Jusqu'à la dernière heure il a espéré. Il est mort confiant dans l'avenir de la France. Il n'hésite pas à dire que nos vainqueurs nous ont arraché la victoire parce qu'ils étaient trois contre un, il montre quels doivent être le courage, la ténacité d'un vrai Français, d'un enfant de la vieille Gaule qu'aucun revers ne saurait abattre.

Un peuple n'a le droit de vivre qu'autant qu'il est capable de défendre lui-même son indépendance. Alors que tant de nations de second ordre n'hésitent pas à tout braver pour maintenir leurs droits et leurs libertés, quel ne serait pas notre aveuglement si nous mettions follement nos destinées dans les mains d'arbitres étrangers! Quel tribunal remplacerait pour nous une armée nombreuse et résolue?

Les désastres de 1870 contiennent pour nous bien des leçons qu'il ne faut pas laisser perdre. Ecoutons celles que nous donne un témoin qui a versé son sang. C'est lui que nous devons croire et non les amis naïfs ou intéressés de ceux qui furent ses bourreaux.

Paulin VIAL,
Capitaine de frégate en retraite,
ancien résident supérieur au Tonkin.

CHAPITRE I

C'est à vous, ma bonne mère, que je dédie ces quelques pages. Prisonnier, loin de vous, sans nouvelles depuis bientôt cinq mois, ce m'est une consolation de penser qu'en lisant ces quelques lignes vous y trouverez une nouvelle preuve de mon amour, car votre seule pensée m'a toujours soutenu dans mes plus dures épreuves et, Dieu aidant, plusieurs fois préservé du désespoir.

*
* *

Ce n'est pas l'histoire de la campagne de 1870 que j'ai l'intention de faire ; ce serait pour deux motifs une prétention déplacée : le premier est le manque de détails sur la marche et les opérations des corps d'armée autres que le mien jusqu'au moment du blocus de Metz et après la reddition, la privation absolue de renseignements sur ce qui se passait en France ; le second est la réserve extrême que tout homme doit s'imposer dans l'appréciation de faits qui demanderont du temps pour être jugés.

Je ne fais donc point un ouvrage ; j'offre à ma famille le récit de quelques faits m'intéressant personnellement ; principalement celui de ma captivité et des souffrances qui l'ont accompagnée.

CHAPITRE II

UN COUP D'ŒIL EN ARRIÈRE

Il faut des siècles pour fonder un empire ; il suffit d'une heure pour le renverser.

Quel est le roi qui, marchant pour livrer bataille à un autre roi, ne s'asseye premièrement et ne consulte s'il pourra avec 10.000 hommes aller à la rencontre de celui qui vient contre lui avec 20.000 ?

Saint Luc, xiv, 31.

La guerre de 1870, lutte gigantesque et acharnée de deux puissantes nations, fera époque dans l'histoire du monde tant par les faits de guerre en eux-mêmes que par la terrible leçon qu'elle aura donnée à la France et les enseignements féconds et de toute nature que tous les peuples pourront en retirer.

En effet, en parlant des préparatifs de l'entrée en campagne, voyons si depuis plusieurs années le pays s'était mis en mesure, le cas échéant, de lutter avec avantage probable contre une armée que son organisation rendait redoutable et, notons ceci, dont on connaissait la force.

Eh bien ! rien n'avait été fait pour cela. La faute en est-elle au gouvernement ? Voilà ce qu'on est tout d'abord conduit à se demander.

Un gouvernement en France est représenté par un homme. Or, un homme peut se tromper, et c'est pour éviter les malheurs que la volonté d'un seul pourrait dans certains cas faire fondre sur le pays, que les Chambres ont été instituées. Qu'ont fait les Chambres ? Au lieu de rester unies et de faire concourir toutes leurs intelligences au bien-être et à l'intérêt général du pays, leurs membres se sont immédiatement séparés. Trois partis se formaient : la droite, composée d'hommes dévoués plutôt au chef de l'Etat qu'au pays lui-même ; le centre, véritable partie sage de l'assemblée s'unissant à la droite lorsque leurs vues concordaient pour des questions d'intérêt général, s'en détachant et inclinant vers le côté opposé dans d'autres circonstances pour le même motif. Enfin, la gauche, composée d'orateurs éminents, mais d'ambitieux qui, d'opposants modérés, passèrent bientôt à une opposition systématique consistant dans un parti pris de dire « non » aveuglément à toutes les propositions de la droite et à trouver mauvaise une idée dès qu'elle émanait du ministre d'Etat.

Ces hommes étaient peu nombreux il est vrai, malheureusement les meilleurs orateurs, les premiers noms du barreau de Paris se trouvaient parmi eux ; l'énergie manqua aux deux autres partis, l'audace de la gauche s'en accrut de plus en plus et depuis plus d'un an la guerre était ouvertement déclarée entre le gouvernement et les irréconciliables, nom dont s'étaient baptisés eux-mêmes les membres de la gauche, et qui montrait assez le peu de droiture de leurs intentions.

Au milieu de ces disputes souvent inconvenantes et d'une violence extrême dont tous les honnêtes gens gémissaient, prévoyant bien, hélas ! les conséquences funestes qu'elles pourraient avoir, que pensait le gouvernement ? Temporiser d'abord et par quelques sages concessions essayer de ramener l'union et la concorde ; c'est ce qu'il fit. Mais il eut le tort, lorsqu'il vit que ses loyaux efforts n'étaient pas compris, lorsqu'il devint clair pour tout le monde qu'il avait à faire non à un parti politique, mais à une faction révolutionnaire, il eut le tort, disons-nous, de ne pas secouer énergiquement le joug sous lequel il pliait d'une manière qui devint rapidement effrayante et en peu de temps le mal fit tellement de progrès que le chef de l'Etat crut, dans sa faiblesse, qu'il ne lui restait plus qu'à implorer son peuple, et ce fut alors que dans la proclamation qui précéda le plébiscite, il supplia ses sujets de permettre à son fils de lui succéder en paix.

C'était s'avouer vaincu, défaite que tout le monde, excepté le plus intéressé, avait prévue depuis longtemps et qui, avec un peu d'énergie, aurait pu être évitée. Malheureusement si en France les amis de l'ordre ont toujours été de beaucoup plus nombreux que les perturbateurs, jamais ils n'ont eu entre eux l'union de ces derniers. Voilà l'état de choses auquel il faut remonter pour trouver la source des malheurs qui nous accablent aujourd'hui.

Les théories républicaines avaient prévalu: plus d'armée ! plus de soldats ! licenciement des troupes ! Voilà les cris par lesquels on fermait la bouche au malheureux ministre de la guerre aux mains duquel l'honneur du pays était confié, et qui se voyait refuser tous les moyens de conserver à la France son rang parmi les nations !

Sur ces entrefaites éclata la guerre, quelles en furent les causes véritables ? qui la déclara ? l'histoire nous l'apprendra ; mais que ceux qui écriront cette histoire réfléchissent longuement et ne se prononcent que les pièces à l'appui bien authentiquement établies, qu'ils étudient bien cette question : la guerre a-t-elle été nationale? Qu'ils se demandent si avec l'organisation militaire prussienne une guerre peut être demandée par la nation dans ce pays, qu'ils se demandent si en France ceux qui avaient tué l'armée n'acceptaient la guerre avec enthousiasme que parce qu'ils voyaient dans une malheureuse issue possible le renverse-

ment du gouvernement et le triomphe de leurs idées
révolutionnaires ! Et cette malheureuse issue, qui sait s'ils
n'y comptaient pas ! La chose serait tellement ignoble,
nous dira-t-on, qu'elle n'est pas admissible ; elle n'est pas si
lâche que l'idée d'une révolution. La patrie est une mère.
Vouloir sa perte par l'invasion de l'étranger est moins horrible que de l'étouffer de ses propres mains, et ce qui
semble nous donner raison c'est l'ardeur avec laquelle nous
verrons ces mêmes hommes chasser de Paris l'impératrice
régente et saisir la proie si avidement convoitée. Nous
verrons alors paraître de magnifiques proclamations, chefs-
d'œuvre de patriotisme littéraire, mais qui ne sauveront
pas la France de désastres qu'on aurait évités avec moins
d'éloquence et plus de loyauté dans les discours et les
votes.

CHAPITRE III

DÉCLARATION DE GUERRE — PRÉPARATIFS — DÉPART

C'était le 15 juillet. La guerre n'était pas encore déclarée,
mais on sentait qu'elle était inévitable, et depuis plusieurs
jours déjà la plus grande activité régnait dans tous les
régiments qui se préparaient à marcher. Notre régiment
d'artillerie reçut l'ordre de mettre d'abord deux, puis suc-
cessivement toutes ses batteries sur le pied de guerre. On
commença par les cadres ; ce fut facile, vu que depuis
longtemps l'avancement ayant été très lent, beaucoup de
sujets se trouvèrent sur les rangs. Quatre adjudants et
quatre maréchaux des logis chefs furent faits le même
jour. Là, premier abus à signaler. Les adjudants ne doivent
être pris que parmi les maréchaux des logis chefs ; pourquoi exclure de ce grade les autres sous-officiers ? Ainsi
voilà un ancien maréchal des logis qui depuis de longues
années aura rendu les meilleurs services comme instruc-
teur, qui aura des campagnes, sera médaillé et qui, soit

parce qu'il n'aura pas une écriture élégante, soit parce que la voie de la comptabilité ne lui aura pas plu, sera exclu d'un avancement qu'il a cent fois mieux mérité qu'un malheureux gratte-papier qui n'a absolument pour lui que sa plume et qui, comme militaire, n'a aucune espèce de valeur.

Le service d'adjudant, n'étant point un service de comptabilité, devrait être au contraire réservé à l'ancienneté des services et au mérite indistinctement de tous les sous-officiers. On est exposé ainsi à faire de très mauvais choix qui n'ont d'autres résultats que d'enorgueillir outre mesure des imbéciles et de décourager de très méritants sujets. Ce règlement absurde n'existe pas du reste dans la cavalerie.

Les cadres complétés, il fallait s'occuper des batteries, mais là était la difficulté, manque absolu d'hommes et de chevaux ; les hommes avaient été renvoyés chez eux en nombre considérable, et la majeure partie des chevaux livrés à l'agriculture ; il fallait du temps pour faire rentrer tous ces éléments, on ne prit même pas la peine de se presser, et la guerre était déclarée que quelques chevaux seulement étaient rentrés et pas un homme. Alors arrivèrent de Paris ordres sur ordres, il fallait tout faire à la fois, acheter les chevaux, faire des batteries, partir, on crut que cela devait se faire en un clin d'œil ; mais on n'improvise pas une batterie en vingt-quatre heures, surtout lorsqu'on n'en a même pas les éléments.

On achetait bien quelques chevaux, mais ceux de l'agriculture n'arrivaient pas, puis il fallait les harnacher, opération assez longue, les affecter aux hommes ; enfin lorsque arriva du ministère l'ordre d'envoyer deux batteries à Thionville on était encore dans tout l'embarras de l'organisation, on prit tous les hommes et les chevaux nécessaires dans les autres batteries et on se mit en route, finissant de s'organiser en marchant et ne connaissant même pas encore les hommes qu'on emmenait. La confiance est une belle chose, mais quand elle est poussée au point de croire qu'il suffit de s'appeler Français pour conquérir le monde, elle devient un déplorable aveuglement.

Tout dans cette malheureuse guerre fut conduit avec une imprévoyance sans égale ; une guerre déclarée lorsqu'on savait parfaitement que rien n'était prêt ; un colonel répondant au Ministre de la guerre qu'il était prêt à marcher alors qu'il n'avait pas encore de quoi former une batterie, et, sur cette affirmation, recevant l'ordre d'en faire partir deux immédiatement : dans quelles conditions ! nous l'avons dit tout à l'heure. Il me semble encore voir notre colonel arriver au quartier à cheval, en tenue de route, pistolets dans les fontes, faisant prévenir tous les officiers de se tenir immédiatement prêts à marcher, donnant à tout ce qu'il y avait de troupes au quartier l'ordre de monter à cheval, alors que pas une batterie n'était encore formée et que l'arsenal n'avait même pas encore délivré un canon. La scène était ridicule ; ce n'était pas au moment où tous les officiers et les comptables étaient accablés de travail pour arriver à improviser une batterie, que c'était le cas de tenir tout le monde toute une journée sous les armes, alors qu'il était matériellement impossible de se mettre en route.

Le baron de V... était un homme intelligent malgré cela, mais malheureusement de ceux qui donnent un ordre sans se rendre compte des difficultés que son exécution peut présenter, et dont le caractère de fer ne permet à qui que ce soit la moindre observation ; tout nouveau au régiment, il n'avait pas eu le temps encore de s'y faire connaître, mais ce que nous en savions par ceux qui l'avaient connu auparavant nous faisait pressentir des rigueurs auxquelles nous n'avions pas été habitués par son prédécesseur ; la chose eut un bon côté, car la discipline était singulièrement relâchée depuis quelque temps par l'indulgence trop grande du lieutenant-colonel qui avait commandé longtemps le régiment et auquel il fallait rendre des comptes pour la moindre punition infligée à un homme ; aussi les soldats savaient-ils que souvent on ne les punissait pas pour s'éviter à soi-même une réprimande, et un relâchement assez grand s'en était suivi, principalement dans le respect que les hommes portaient aux brigadiers et aux sous-officiers.

Il en était à peu près de même dans tous les régiments,

surtout dans l'infanterie ; aussi verrons-nous souvent la conduite ignoble qu'ont tenue les hommes lorsque, prisonniers, ils se trouvèrent séparés de leurs officiers.

Nous reviendrons sur cette question de relâchement et de discipline lorsque nous aurons à en montrer les conséquences désastreuses sur le champ de bataille.

Ce fut une des causes de nos revers, ainsi que la trop grande quantité de réserves et de jeunes soldats dans les régiments d'infanterie.

Deux batteries du *** régiment d'artillerie à cheval étaient donc dirigées sur Thionville, c'étaient la 5e dont je faisais partie, et la 6e dans laquelle j'avais été classé à mon arrivée au régiment au mois de septembre 1866.

Je ne parlerai pas ici de la composition des cadres de ces deux batteries, je le ferai dans le cours de ce récit à mesure que l'occasion se présentera.

Ces deux batteries faisaient partie du 4e corps commandé par le général Ladmirault, dont nous aurons à parler souvent.

Quatre autres batteries, les 1re, 2e, 3e et 4e, faisaient partie du 3e corps commandé alors par le maréchal Bazaine.

Les deux dernières batteries, 7e et 8e (la dernière dans laquelle j'avais été neuf mois brigadier-fourrier, temps de triste mémoire), étaient parties pour le camp de Châlons un mois auparavant et faisaient partie du 2e corps, sous les ordres du général Frossard.

Le dépôt seul, commandé par le major, était resté à Metz ; le colonel fut envoyé à l'état-major du 1er corps, commandé par le maréchal Mac-Mahon, et le lieutenant-colonel au camp de Châlons.

Nous ignorions au début que nous aurions affaire à une nombreuse armée, aussi toutes les batteries n'espéraient-elles pas faire la campagne ; la mienne, en particulier, n'avait pas été désignée d'abord la première, ce que voyant, étant proposé pour officier et espérant naturellement être nommé en faisant campagne, je fis des démarches auprès de deux capitaines qui s'attendaient à partir les premiers, afin d'être pris par l'un d'eux ; malheureusement j'avais été devancé, je restai donc dans ma batterie et fus trouver le lieutenant-colonel lui demandant la préférence dans le cas où il faudrait un sous-officier pour un emploi ou un détachement quelconque.

Je fus plus heureux de ce côté; le colonel recevait l'ordre d'envoyer deux sous-officiers à Longwy pour coopérer à l'armement de la place : ma demande ayant été prise en considération, je fus désigné et me préparai immédiatement à partir.

Je n'eus que le temps d'aller chercher ma feuille de route et mon indemnité de route; deux heures après, nous prenions le chemin de fer, mon collègue, moi, et deux artificiers qui devaient nous seconder; nous roulions vers notre première étape avec un enthousiasme qui ne nous permettait pas de douter que nous ne devions faire de la Prusse une bouchée. Nous passâmes par Thionville, où nous laissâmes deux de nos collègues qui avaient reçu cette destination, et quatre heures après notre départ de Metz, le train s'arrêta; nous en descendîmes joyeux, nous étions arrivés; c'était le 16 juillet 1870.

CHAPITRE IV

LONGWY — THIONVILLE — KÉDANGE (1) — LE BIVOUAC

En descendant du wagon, la première chose que nous fîmes fut de nous mêler à la foule afin de nous débarrasser d'un importun qui, monté dans notre compartiment quelques stations avant la ville et se disant commissaire de police de Longwy, nous avait impatientés à un point qu'on ne pourrait dire. Le brave fonctionnaire avait mis la main, dans la journée, sur plus de petits verres que de vagabonds, et il nous fallut entendre son histoire depuis le jour de son engagement au 3e zouaves jusqu'à celui où il

(1) Probablement Kerlange.

tronqua la chéchia contre la casquette de commissaire, récit entrecoupé (pardon de ces détails, mais je les dois à la vérité) de hoquets significatifs et de coups d'épaule aux voisins de droite et de gauche qui heureusement se trouvaient là pour le maintenir en équilibre. Lorsqu'il eut fini, il parut s'assoupir et nous nous en crûmes débarrassés, mais nous n'étions pas au bout de nos tribulations ; un instant après, il tira un revolver de sa poche et se mit à le tourner en tous sens et à en faire jouer le mécanisme. En regardant l'arme, nous nous aperçûmes qu'elle était chargée de ses six coups, mais l'observation qu'on lui fit de remettre son instruction et son instrument dans sa poche ne fit que lui donner le désir plus grand encore de nous en montrer le chargement, le mécanisme de la détente, etc., etc... le tout accompagné de gestes très peu rassurants, principalement pour moi qui me trouvais placé en face de lui et qui passais mon temps à écarter avec la main le canon qui ne faisait que passer et repasser devant moi. Las enfin de ce jeu qui pouvait tourner mal pour l'un de nous, je lui dis d'un ton assez sérieux pour lui faire comprendre malgré son ivresse que nous ne plaisantions plus, de cacher son arme qu'il remit alors dans son étui. Ce qui nous avait le plus engagés à le quitter, c'est qu'il nous avait dit qu'il voulait nous présenter lui-même au commandant de la place, ce que nous voulions particulièrement éviter, aussi filâmes-nous le plus rapidement possible. En arrivant à la porte nous fûmes reçus par le portier-consigne, vieux Cerbère qui, ivre aussi, commença par nous dire qu'il était caporal depuis 1832, et sergent depuis 1846, ce qui nous importait fort peu. Ce que nous voulions c'était nous présenter au commandant de place et aller prendre un repos dont nous avions grand besoin. Le commandant, lieutenant-colonel d'infanterie de marine, nous accueillit très gracieusement et nous donna rendez-vous pour le lendemain matin à sept heures.

En arrivant à l'hôtel, la première personne que nous aperçûmes fut notre commissaire, qui s'excusa de nous avoir perdus et parut fort désappointé, vexé en même

temps de ce que nous avions osé nous présenter sans lui
au commandant de place ; le lendemain, lorsque nous
fûmes au rendez-vous, il y était aussi et, en le voyant
arriver, je pus entendre le lieutenant-colonel dire au capitaine du génie : « Hier, votre commissaire était saoul
comme un c..... », ce à quoi l'autre répondit : « C'est une
habitude ». Nous fûmes mis en quelques mots au courant
de ce que nous avions à faire, et le surlendemain de notre
arrivée nous nous mettions au travail.

Longwy est une petite ville de trois mille habitants, per-
chée au sommet d'un rocher d'où elle domine la plaine de
trois côtés. Elle n'a que deux portes, en face l'une de l'autre
et réunies par une rue assez longue partageant la ville en
deux parties bien égales et traversant la place qui se trouve
en son milieu. C'est moins une ville qu'une forteresse,
aussi le séjour en est-il assez triste.

La garnison se compose tantôt d'un détachement d'artillerie, tantôt d'un ou deux bataillons d'infanterie ; au
moment de notre arrivée s'y trouvait un bataillon du
76° de ligne, où je fis la connaissance d'un adjudant et
d'un sergent-major avec lesquels je passais les moments
de loisir que me laissait mon travail. A quelques jours de
là, ce bataillon rejoignit son régiment du côté de Sierck
et j'appris plus tard que l'adjudant avait été nommé sous-
lieutenant et le sergent-major, moins heureux, tué à la
bataille de Gravelotte. Je donne ici un regret à ce bon
camarade, brave soldat, dont le temps était fini et qui
s'était rengagé pour la durée de la guerre : il méritait un
meilleur sort.

Nos travaux consistaient en tout ce qui regarde l'armement, c'est-à-dire constructions de batteries, plates-formes
de siège et de place, revêtements, manœuvres de forces de
toute espèce, rendues assez difficiles et dangereuses, par
le manque ou la mauvaise qualité des instruments tels
que chèvres, crics, etc... dont nous disposions.

Nous étions dirigés par un chef d'escadron d'artillerie,
le commandant Tillay, homme excellent avec lequel nous
eûmes les meilleurs rapports et qui, à notre départ, nous

donna de lui-même, une lettre pour le capitaine de ma batterie qu'il connaissait, et dans laquelle il nous recommandait en attestant que nous l'avions très utilement secondé, lettre qui, pour le dire en passant, me fut complètement inutile, vu le caractère de mon capitaine, homme grossier par genre et posant pour ne porter d'intérêt à qui que ce fût; il me le prouva par la suite comme on le verra.

Nous étions aux jours les plus chauds de juillet, la chaleur était accablante et nous éprouvait beaucoup, car il fallait être sur les remparts dix heures de la journée sans interruption possible, vu que nous ne pouvions abandonner un instant les ouvriers civils que nous avions sous nos ordres, et que nous dirigions dans un travail qu'ils ne connaissaient pas. Je dois dire que je trouvai là des manœuvres fort intelligents qui étaient bien payés, et avec lesquels je fis en quinze jours plus de travail que ne m'en aurait fait en deux mois le même nombre de soldats; on nous avait donné des fantassins pour aider nos travailleurs, nous nous sommes empressés de les renvoyer pour que leur paresse ne donnât pas aux autres l'idée de prendre exemple sur eux.

Je n'eus dans mes manœuvres aucun accident à déplorer; je prenais du reste des précautions, qui en d'autres circonstances eussent paru exagérées, mais quand je dirai que la chaîne de ma chèvre cassa trois fois pendant que j'enlevais d'énormes pièces de siège pesant 2.700 kilos, on comprendra que je ne pouvais être trop prudent. J'armai complètement les deux bastions d'attaque 4 et 5 avec leurs cavaliers; en fouillant le terrain je trouvai des balles, des éclats d'obus que les Prussiens y avaient envoyés en 1797 ou en 1814, et j'étais bien loin à ce moment de penser que peu de jours après ils reviendraient encore en vainqueurs sous ces murs. J'ignore, au moment où j'écris, si cette petite place a soutenu un siège; il est probable que la reddition de Metz l'aura déterminée à se rendre comme a fait Verdun; mais Longwy avait un passé à laver : en 1797, la ville s'était rendue trop tôt, aussi ses habitants furent déclarés infâmes et les maisons durent-elles être rasées; on revint sur ce décret et on donna ces mêmes maisons aux habitants des autres villes qui avaient résisté et dont les demeures avaient été détruites par le bombardement. Je trouvai également un squelette humain tout entier, je demandai l'explication de cette trouvaille, et j'appris que pendant les événements dont je viens de parler, la ville étant bloquée par les Prussiens, les enterrements se faisaient dans les remparts.

A propos de la chaleur de ces jours de juillet qu'on me permette une petite anecdote qui m'est personnelle; elle n'offre en elle-même aucun intérêt, mais que les quelques amis qui me liront se rappellent que ce récit est adressé à ma mère et qu'à ce point de vue je puis tout rapporter, sans crainte d'ennuyer, voire les faits même les plus insignifiants qui me sont particuliers, sûr que je suis d'avance qu'ils seront bien reçus.

Un bon monsieur qui venait souvent me voir à l'ouvrage, et que je sus plus tard être un ancien colonel de la place, me plaignant de me voir ainsi exposé au soleil, sans autre abri que mon petit képi, m'offrit gracieusement le large chapeau de paille dont il était porteur ; je ne pouvais évidemment souffrir que ce protecteur inconnu retournât chez lui nu-tête, aussi refusai-je malgré ses instances en lui exprimant toute ma reconnaissance. Il s'en fut alors me disant, en me donnant une poignée de mains : « Nous nous reverrons. » Le lendemain matin je le vis venir à moi et il me manifesta son étonnement de ne pas me voir sur la tête le chapeau qu'il m'avait envoyé ; à mon tour, très surpris, je le remerciai beaucoup d'avoir eu la bonté de m'envoyer un chapeau, mais je lui dis n'en avoir reçu aucun. A ce moment mon collègue passa près de nous coiffé d'un magnifique panama, je vis mon monsieur changer de figure, faire un pas vers lui, puis s'arrêter, revenir à moi et me dire en riant : « Le voilà votre chapeau. Ignorant que vous étiez deux sous-officiers d'artillerie, j'avais chargé un homme de porter ce chapeau au sous-officier qui travaillait sur le rempart, et lui, rencontrant votre collègue, le lui aura donné, pensant naturellement que c'était à lui que je le destinais. »

Nous rîmes de ce quiproquo, je m'étais acheté un chapeau, ce qui rendait le cadeau inutile désormais, et depuis ce jour le colonel fut on peut plus gracieux et aimable pour moi.

Entre temps tout s'était organisé en France, tant bien que mal, et les journaux nous faisaient déjà connaître le récit de quelques rencontres par lesquelles débuta la campagne.

Les espions ennemis s'étaient répandus dans toutes nos places fortes, j'en vis arrêter plusieurs, un en particulier déguisé en prêtre et qui fut emmené en prison par notre vieille connaissance, le commissaire, que nous rencontrions souvent, mais qui, s'étant aperçu de notre peu de sympathie pour lui, passait maintenant sans avoir l'air de nous connaître, ce dont lui savions un gré infini.

Quelques jours après notre arrivée, nous apprîmes que le tour de marche des batteries du régiment avait été changé et que les nôtres se trouvaient à Thionville depuis le 26; je regrettai alors d'avoir demandé à quitter Metz, je trouvais triste la perspective de passer une campagne à Longwy, j'allais prier le commandant de transmettre à Metz la demande que je voulais faire de rejoindre ma batterie, lorsque le 30 l'ordre arriva au commandant de place de nous envoyer dans nos batteries à Thionville. Nous partîmes le lendemain, enchantés, porteurs de la lettre dont j'ai parlé et nous arrivâmes à Thionville à midi. Je ne trouvai personne à la gare pour me prendre mon bagage, je me décidai alors à le prendre sur mon dos et je me mis en route, après avoir été informé que j'avais toute la ville à traverser pour rejoindre ma batterie ; je fis la course assez désagréablement, grâce à mon lourd fardeau que j'étais obligé de maintenir à deux mains, pendant que mon grand sabre, s'embarrassant dans mes jambes, me faisait trébucher à chaque instant sur le pavé glissant. J'arrivai enfin, juste à temps, pour monter à cheval et repartir immédiatement pour une destination inconnue, mais nous rapprochant de la frontière.

Après une marche assez longue, entrecoupée de fréquents arrêts pendant lesquels le capitaine rappelait son monde à l'ordre avec la grossièreté qui lui était habituelle, nous nous arrêtâmes et nous campâmes dans un champ, sur le bord de la route, à proximité d'un petit village du nom de Kédange (1), ce fut ma première nuit sous la tente.

Vous serez peut-être, ma chère mère, désireuse de savoir comment on organise un campement ou bivouac, nous allons en donner une idée.

(Suit une description).

On ferme la tente du côté d'où vient le vent avec la troisième toile qu'on boutonne sur le côté des deux autres ; chaque homme a pour se couvrir la nuit une petite couverture (le couvre-pied de garnison) et son manteau, on utilise aussi la couverture du cheval et, lorsque la chose est possible, on met sur la terre un peu de feuilles ou de paille. En somme, on est assez mal couché, surtout lorsqu'on est obligé de camper dans les terres détrempées par les pluies, mais lorsqu'on songe qu'il faut que le soldat emporte avec lui sa maison, sa nourriture et sa garde-robe, on comprend que l'amélioration est bien difficile à demander.

La cuisine se fait dans des ustensiles en fer transportés par les voitures ; un trou dans la terre et deux pierres constituent le fourneau.

A peine arrivés, notre premier soin fut de nous occuper du dîner, c'est toujours du reste l'opération qui presse le plus à l'arrivée ; on se souvient avec quelle rapidité j'ai quitté Thionville, il y avait dix-huit heures que je n'avais pas mangé lorsque la sonnerie de la soupe, la plus connue comme la plus aimée du troupier, retentit dans le camp. Je croyais avoir souffert de la faim, hélas ! j'étais loin de m'attendre à ce que je devais souffrir plus tard ! Nous ne fîmes que passer la nuit à Kédange (1) ; le lendemain 1er août, nous nous mîmes de bonne heure en route, ignorant notre destination, mais persuadés que nous marchions à l'ennemi et chantant à tue-tête les refrains les plus guerriers.

(1) Probablement Kerlange.

CHAPITRE V

BOULAY — BOUZONVILLE — LES ÉTANGS — SAINTE-BARBE

Nous apprîmes en route qu'au lieu de continuer notre marche vers le nord, nous tournions autour de Metz en obliquant à l'est. Nous commençâmes alors à nous demander ce que signifiait cette marche circulaire et à nous étonner de ce qu'on ne se dirigeait pas plus rapidement sur la frontière. Après une étape assez longue, nous arrivâmes à Boulay, distant de Metz seulement de 22 kilomètres, et où le 4ᵉ corps devait se réunir.

Boulay est un bourg plus prussien que français, les habitants nous montrèrent en général peu de sympathie et les marchands spéculèrent sur nous à qui mieux mieux ; j'y achetai une ceinture de flanelle de 4 mètres de long, objet dont tous les soldats, sans exception, se munirent à leurs frais ; elle est nécessaire pour se garantir de l'humidité de la nuit qui est souvent cause des dysenteries qui ravagent les armées.

J'y fis l'emplette d'une jumelle marine à longue portée, qui me fut de la plus grande utilité sur les champs de bataille et qu'on me vola à l'hôpital de Metz, ainsi que d'un sac de voyage et d'un carnet sur lequel j'écrivais mes impressions journalières et qui tombèrent, le 18 août, entre les mains des Prussiens.

Nous restâmes huit jours à Boulay, assez mal campés, par rapport à l'éloignement de l'eau qu'il fallait aller chercher à grande distance ; l'usage de celle d'un ruisseau voisin avait été prohibé, le bruit ayant couru qu'elle avait été empoisonnée. Nous eûmes là des pluies torrentielles qui nous éprouvèrent beaucoup ; le premier orage éclata la nuit ; le temps avait été beau jusque-là et on avait négligé d'entourer les tentes de rigoles ; le terrain étant en pente, l'eau le traversa et nous couchâmes cette nuit-là littéralement dans l'eau. Ajoutez que le vent, d'une violence extrême, avait renversé un grand nombre de tentes sur les dormeurs, aussi était-ce un triste spectacle, le lendemain matin, de voir tout ce monde couché dans la boue avec sa maison sur le dos.

Le troupier, qui rit de tout, rit de cela comme du reste ; on remit les tentes sur pied, et on fit en sorte que pareille catastrophe ne se renouvelât pas.

C'est à cette époque que nous fîmes la connaissance de notre commandant en chef ; le général Ladmirault passait pour un homme très instruit, très brave et très prudent. La suite nous apprendra que sa réputation était méritée, on en citait les faits les plus honorables en Crimée et en Italie. C'était un homme d'une taille moyenne, mais qu'une forte corpulence faisait paraître petit ; sa figure intelligente, ornée d'une forte barbe blanche, respirait la loyauté et les mâles vertus militaires. Ce n'était pas encore un nom à ce moment, mais il devait s'en faire un, et il est bien regrettable aujourd'hui qu'on ne lui ait pas confié un commandement plus important.

Le 4 août, à une heure du matin, le lieutenant en premier vint réveiller sans bruit les sous-officiers et les prévint que le capitaine les attendait dans sa tente.

C'était pour nous prévenir qu'à quatre heures trois pièces et trois caissons, sous la conduite du capitaine, devaient se tenir prêts pour faire une reconnaissance, l'ennemi ayant été signalé du côté de Bouzonville ; j'étais chef de la 2e pièce, je fus donc réveiller mes hommes, on se prépara sans bruit et, à l'heure dite, nous nous mettions en route, placés entre deux régiments de dragons.

Je n'oublierai jamais les paroles du capitaine la première fois qu'il crut nous mener au feu. « Mes amis, nous dit-il, je n'ai pas besoin de vous dire que je compte sur vous, notre place est avec nos pièces, là où elles sont nous devons rester et, si nous ne devons pas les ramener, nous ne pouvons que rester morts sur la place. » Nous connaissions l'énergie de l'homme qui nous commandait, ce langage ne nous surprit pas, mais ce fut le seul discours raisonnable qu'il nous adressa de toute la campagne. On verra par la suite l'effet que produisirent les autres.

Comme on nous fit remplir d'eau les seaux qui servent à rafraîchir la pièce lorsqu'elle s'échauffe par l'effet prolongé du tir, nous crûmes à ce moment être près de l'ennemi, et chacun se sentit assaillir des mille pensées qui envahissent l'âme d'un soldat qui va au feu pour la première fois. Nous continuons notre marche et, en débouchant du village, nous aperçûmes l'armée rangée en bataille dans la plaine, nous prîmes notre place, étonnés de ne rien voir devant nous qui ressemblât à l'ennemi, et nous attendions.

Un officier d'état-major passa près de nous, en disant que nous allions entendre le canon sur notre droite. Un instant après, en effet, nous l'entendîmes, c'était le canon de Sarrebruck, que prit et ne put conserver le général Frossard.

Quant à nous, nous commencions à nous impatienter, la chaleur était suffocante, la soif nous dévorait ; enfin, après deux heures d'attente, nous entendîmes dire que l'ennemi qui se trouvait là le matin au nombre de quatre-vingt-dix mille hommes, nous croyant beaucoup plus nombreux, s'était retiré du côté de Sarrelouis.

Nous, nous n'étions pas trente mille, donc moins de un contre deux, mais dans cette proportion nous les avions toujours battus. Ils refusaient donc la bataille ; nous poussâmes alors en avant, nous éclairant soigneusement à de grandes distances, et nous arrivâmes à Bouzonville près de la frontière ; un peloton de chasseurs la franchit même et rapporta quelques bottes de blé sans être inquiété. Nous nous reposâmes environ deux heures, après quoi nous reprîmes le chemin de Boulay, harassés de fatigue, après une marche de quinze heures sous un soleil brûlant. Nous fîmes au moins ce jour-là soixante-dix kilomètres. La moitié de la batterie qui était restée au camp nous avait préparé à manger, aussi à peine arrivés prîmes-nous le repos dont nous éprouvions tous le besoin impérieux. Nous poussâmes encore deux jours après une nouvelle reconnaissance, du même côté, mais également sans succès.

Nous commencions à être forts étonnés de rester à Boulay
lorsque, le 7 août, nous reçûmes la nouvelle de la défaite
et de la mort du général Douai à Wissembourg, du désastre
du maréchal Mac-Mahon à Reischoffen et de la retraite
précipitée du général Frossard à Forbach. Ces fâcheuses
nouvelles nous impressionnèrent péniblement, mais nous
donnaient le désir de venger nos malheureux camarades,
aussi accueillîmes-nous avec joie la nouvelle que nous
allions nous mettre en route pour Bouzonville. Le 8, au
matin, le camp fut levé, l'étape, de douze kilomètres seulement, fut bientôt faite, et nous couchâmes le soir près du
village de Bouzonville que nous ne devions pas dépasser.

À mesure que nous approchions de la frontière, les
populations se montraient de plus en plus françaises, les
femmes pleuraient en nous offrant du pain, des fruits, du
lait, quelques-unes du vin. Les curés de ces villages avaient
tous une bouteille et un verre à la main, aussi avait-on
quelque peine à empêcher qu'il n'y eût des traînards ; sur
toute la ligne de la frontière il en fut ainsi, le patriotisme
éclatait bien plus vivement que dans les villages de l'inté-
rieur. Le 9, notre retraite commença, ce fut avec des pensées bien tristes que nous reprîmes le chemin que nous
avions fait si gaiement la veille, mais nous ne croyions pas
encore à une retraite définitive, ignorant que l'ennemi
marchait à son tour sur nous avec des forces considérables.
Nous revînmes à Boulay où nous passâmes la journée au
camp que nous avions quitté la veille, et le lendemain, 10,
nous repartîmes à deux heures du matin dans la direction
de Metz ; nous mîmes ce jour-là dix heures pour faire dix
kilomètres. Ce fut une marche des plus fatigantes. Arrêtés
à chaque pas par la colonne de bagages qui nous précédait,
on n'avançait qu'avec une extrème lenteur, laquelle jointe
au sommeil qui nous accablait rendit cette courte étape
extrêmement pénible. A peine arrivés, un orage épouvantable éclata et dura toute la journée et toute la nuit sui-
vante.

Ce fut par une pluie torrentielle que nous levâmes le camp
à deux heures du matin. La fatigue commençait à peser sur

nous ; nous marchions toutes les nuits, le jour le mauvais
temps nous empêchait de nous reposer, cela joint au déplai-
sir que nous causait la retraite nous faisait faire une assez
triste mine. Nous nous dirigions sur Metz. Arrivés près d'un
endroit appelé « la Ferme de l'Amitié », on vint nous prévenir que le général Ladmirault rangeait son corps d'armée
en bataille entre les Etangs et le village de Sainte-Barbe.
Le colonel Solleille qui commandait la réserve d'artillerie
du 4ᵉ corps fit rebrousser chemin à sa colonne et chacun se
porta à la place de bataille qui lui fut assignée ; nous occu-
pions l'extrême-gauche de la ligne qui s'appuyait en ce village de Sainte-Barbe. Nous attendîmes encore l'ennemi
toute la journée dans une excellente position et brûlant
d'envie de nous mesurer avec lui, mais il n'osa encore atta-
quer. Quelques pelotons de ulhans se montraient seulement, mais furent repoussés par notre cavalerie. Un capitaine du 2ᵉ hussards, très aimé de ses soldats, fut tué dans
une de ces rencontres. Ce fut le régiment du 4ᵉ corps qui
rencontra le premier l'ennemi. Nos chevaux, déjà très fati-
gués, restèrent toute la nuit sous le harnais, les hommes ne
se couchèrent pas, on craignait une alerte, mais la nuit fut
calme et le lendemain, 11 août, les chevaux furent dessellés
et les tentes dressées.

A 11 heures, je reçus l'ordre de me rendre chez le général
Lafaille, commandant de l'artillerie, qui me remit des dépêches pour le général Solleille, commandant en chef l'artillerie de l'armée du Rhin et qui se trouvait à Metz.

Je partis à cheval m'acquitter de ma mission et me hâtai
de me procurer quelques journaux qui me missent un peu
au courant de la situation. Au milieu des nouvelles déso-
lantes qu'ils m'apprirent, ce qui me navra le plus fut de voir
la division qui séparait les Chambres, dont les membres,
unis entre eux par un feint patriotisme au début de la guerre,
n'avaient pas su, dans les revers, conserver une union sans
laquelle la défense nationale ne pouvait exister. La chose
ne me surprit point, l'Empereur en se mettant à la tête de
l'armée qu'il devait perdre, abandonnait la France aux mains
de l'Impératrice régente, dont la voix n'était pas assez puis-

sante, ni l'autorité assez forte pour mettre un frein à toutes ces passions déchaînées. La double démission du maréchal Le Bœuf de major général et de ministre de la guerre, ne me surprit pas. Pauvre maréchal ! dont la plus grande faute fut une trop grande confiance, mais on est forcé d'avouer que son dévouement sans bornes à l'Empereur lui donna un aveuglement étrange, et on se demande comment des choses qui sautèrent aux yeux des moindres soldats ne furent pas vues ou comprises de lui.

Major général, il devait supporter toute la faute du plan de campagne contre lequel il s'était prononcé, dit-on, ainsi que le maréchal Mac-Mahon et que l'Empereur leur avait imposé. Aussi ne peut-on se faire une idée des malédictions qui s'élevaient contre lui et de la violence des attaques, même de la part d'officiers sérieux, dans la bouche desquels on entendait avec peine sortir le mot de traître, appliqué à un homme chez lequel tout le monde savait que deux qualités primaient toutes les autres, la bravoure et la loyauté ; puissent-elles le sauver si les circonstances veulent qu'il ait à répondre un jour devant un tribunal qui ne lui sera pas favorable.

Après un court repos, je repris la route de Sainte-Barbe, où en arrivant je n'eus que le temps de changer de cheval et de repartir porter d'autres dépêches à Courcelles, au général de Rochebouët, commandant l'artillerie du 3ᵉ corps. La pluie me surprit en route, et je rentrai très tard au camp trempé jusqu'aux os et accablé de fatigue ; l'orage redoubla pendant la nuit, nous étions dans une espèce de terre grasse qui ne tarda pas à former une boue épaisse, dans laquelle tout le harnachement, les couvertures, les tentes renversées par le vent et les hommes eux-mêmes se trouvèrent confondus. Ce fut encore par ce temps que nous levâmes le camp, à deux heures du matin. Il fallut assez longtemps pour se mettre en route, chaque homme cherchant ses effets dans la boue par une obscurité complète ; les paquetages étaient en outre rendus très lourds par la pluie qui les avait traversés, quelques chevaux effrayés s'étaient échappés et on entendait leurs cavaliers les chercher en maudissant le sort qui leur était fait ce jour-là. On se rappelle que depuis plusieurs jours la pluie ne nous quittait pas, surtout la nuit qui se passait rarement sans orage, aussi n'avait-on plus rien de sec sur soi, ce qui faisait craindre des maladies si ce temps se prolongeait.

Il était jour lorsqu'on partit, les chevaux avaient quelque peine à démarrer les voitures dans un terrain sur lequel ils avaient eux-mêmes de la peine à se tenir debout, aussi plusieurs tombèrent-ils avec leurs cavaliers, dont la chute excitait l'hilarité involontaire de leurs camarades, à cause du changement de couleur opéré comme par enchantement sur toute leur personne.

Nous étions à la dernière étape de notre retraite. Vers onze heures nous établîmes le camp sous le fort Saint-Julien, à côté du château de Grimont, sur le versant d'une colline, dans le plus mauvais endroit qu'il fût possible de choisir pour camper. Nous étions de retour à Metz le 12 août, dix-sept jours après l'avoir quitté, en ayant marché sur une circonférence dont la ville était le centre et dont le rayon ne dépassait pas la longueur d'une étape moyenne. Nous n'avions plus désormais qu'à attendre l'ennemi sous la protection de nos forts.

CHAPITRE VI

BATAILLE DE BORNY

Je viens d'être forcé, ma bonne mère, d'interrompre pendant quelques jours ce récit que j'écris pour vous : mon état de faiblesse extrême ne me permettant pas même de tenir une plume ; j'essaye aujourd'hui de reprendre ce petit travail, priant Dieu qu'il exauce vos prières ! et qu'il me donne la force de supporter tout ce qui me reste encore à souffrir.

Je parlerai de cette maladie en temps et lieu, quand il sera question de mon séjour à Wesel. Ah ! roi Guillaume !

tu n'ignores pourtant pas qu'en France les soldats prussiens ont du pain ! qu'il existe des hôpitaux où tes malades reçoivent les mêmes soins que les nôtres, et qu'on n'attend pas pour les y admettre la veille de leur mort !

Aussi, au nom des mères dont tu fais mourir de misère les fils que la mitraille avait épargnés, sois maudit !

. . . .

Il n'y avait plus que deux grands commandements dans l'armée, l'expérience avait montré le mauvais côté de ces corps d'armée indépendants les uns des autres, qui, à un moment donné, ne pouvaient se soutenir.

Le maréchal Mac-Mahon commandait l'armée d'Afrique, ou plutôt les débris de cette armée qui avait été dispersée à Wissembourg et à Reischoffen, et les troupes provenant des régiments des départements du midi qu'on avait dirigés sur le camp de Châlons où cette armée devait s'organiser.

L'opération était difficile à cause du grand nombre des gardes mobiles qu'il fallait habilement entremêler avec les anciens soldats.

La réputation du maréchal de Mac-Mahon est assez connue pour que nous n'ayons pas besoin de l'établir ici. C'est notre meilleur et notre plus brave général, tout le monde sait de quelle manière il fut fait maréchal de France et duc. C'était après la bataille de Magenta ; son arrivée sur le champ de bataille sauva l'armée d'un désastre et nous donna la victoire.

Le général était dans sa tente lorsque l'Empereur entra et lui demanda ce qu'il faisait : « J'écris à ma femme, Sire. — Eh bien, reprit Napoléon, annoncez à la duchesse de Magenta que le maréchal Mac-Mahon a aujourd'hui sauvé la France. »

Le maréchal Bazaine avait le commandement de toutes les troupes de l'armée de Metz ainsi composée : La garde Impériale sous le commandement du général Bourbaki, très aimé de ses soldats à cause de sa sollicitude pour eux. Le 2ᵉ corps sous les ordres du général Frossard officier du génie qui montrait qu'il n'avait jamais étudié l'art de la guerre à un autre point de vue qu'à celui de son arme. Il

fut accusé après Forbach d'avoir refusé le secours que
l'Empereur lui avait offert. Le 3ᵉ corps, dont le général
Decaen eut un instant le commandement lorsque le maréchal Bazaine le quitta, était commandé par le maréchal
Le Bœuf, d'une rare intrépidité, nouveau Ney, mais
meilleur soldat que tacticien, fait pour entraîner les troupes
à un assaut plutôt que pour les diriger savamment sur le
champ de bataille. Poussant son cheval au galop sur les
obus qui éclataient sans jamais l'atteindre, il faisait tuer
son état major à tel point, que les officiers de cette arme
étaient loin de rechercher son service. Sa recherche du
danger fut telle qu'on entendait partout dire qu'il voulait
se faire tuer pour racheter les fautes dont il se serait senti
coupable, et, pour qui l'a vu au feu, c'était vraisemblable.
Le 4ᵉ corps, dont ma batterie faisait partie, avait pour
chef le général Ladmirault dont nous avons parlé, le seul
en qui l'on eût une entière confiance.

Enfin le 6ᵉ corps était commandé par le maréchal Can-
robert, alourdi moins par l'âge, que par les campagnes ; il
ne pouvait plus monter à cheval qu'avec l'aide de trois
hommes ; il justifia la réputation qu'il avait apportée de
Crimée, celle de manquer de décision et de confiance dans
ses soldats. Le tout pouvait former une armée de cent cin-
quante mille combattants. Le commandant en chef, le maréchal Bazaine, était un petit homme, gros, court, à la figure
empâtée, bourgeonnée et sans physionomie. Sa personne
et ses manières se ressentaient encore du métier de tambour
par lequel il avait, disait-on au bivouac, débuté dans la
carrière des armes.

Le grade auquel il était parvenu jeune encore prouve
qu'il ne manquait pas de talents militaires ; il est triste
d'être forcé de reconnaître qu'il en fit avec nous la plus
malheureuse application.

Et il se trouvait, perdus dans ces corps d'armée, des
généraux de division, de brigade, jeunes encore, instruits,
Français avant tout, et qui mettant le salut de la patrie
au-dessus des basses intrigues de la politique nous au-
raient certainement conduits à la victoire !

L'Empereur était à Metz depuis quelques jours, accompagné du maréchal Le Bœuf; je les vis le jour où je fus envoyé à Sainte-Barbe porter des dépêches; tous deux avaient l'air triste et préoccupé; l'empereur devenait prématurément vieux, je remarquai combien il était voûté; le poids des dernières années de son règne avait été si lourd! Quelques cris de : « vive l'Empereur », mais en bien petit nombre, même chez la troupe.

Nous passâmes la journée du 13 dans une boue affreuse, par une pluie battante qui n'avait pas discontinué depuis huit jours; il nous était expressément défendu d'aller dans la ville et à la demande que je fis à mon aimable capitaine de me donner au moins des bottes, l'unique paire qui me restait était percée et avait été depuis huit jours traînée dans l'eau, il me répondit : « Je me f... pas mal que vous creviez, nous sommes ici pour ça. » On remarquera que chaque fois que j'aurai à rapporter ses paroles on y trouvera des termes semblables ou plus colorés encore (1).

Des éclaireurs du 2ᵉ chasseurs d'Afrique avaient signalé l'ennemi du côté de Courcelles se dirigeant sur Metz. Il nous avait suivis pas à pas depuis Bouzonville et on a vu qu'il nous avait refusé la bataille à Sainte-Barbe.

Le 14 au matin nous levons le camp et nous traversons la Moselle en dehors de la ville sur des ponts de bateaux. L'opération fut très longue; à 3 heures seulement tout le 4ᵉ corps se trouvait sur la rive gauche.

Nous ne savions pas encore où nous allions camper, ou si nous continuerions notre route, lorsque tout d'un coup, il était 3 heures, le canon retentit avec une extrême violence dans la direction du camp que nous venions de quitter.

C'était le roi Guillaume (2) en personne qui attaquait avec de nombreuses forces une division que le général Ladmirault avait prudemment laissée en observation sur la rive droite.

(1) Il faut cependant lui pardonner, car c'était un admirable soldat (note de l'éditeur).

(2) L'auteur est ici victime d'un faux renseignement (note de l'éditeur).

Grand émoi parmi nous : chacun saute sur son cheval et on attend des ordres qui arrivèrent sur-le-champ. On marcha au canon : l'artillerie partit en avant, monta au grand galop la côte de Saint-Julien et se mit en batterie ; l'infanterie suivait au pas de course, et en moins d'une heure tout le 4e corps avait repassé la rivière et s'était engagé.

La division engagée, soutenue par les canons des forts Saint-Julien, Bellecroix et Queuleu, tient ferme et donne le le temps au corps d'armée de se former en bataille. C'était notre premier combat, nous reçûmes le baptême du feu ; malheureusement pas pour moi, ma batterie demeurant en réserve.

La lutte dura jusqu'à neuf heures, elle fut acharnée ; l'armée qui nous était opposée ne connaissait pas encore nos mitrailleuses. Il faut avoir vu cet engin de guerre à l'œuvre pour se rendre compte des terribles effets de destruction qu'il produit ; son sinistre crépitement retentit toujours à mes oreilles ; jamais je n'oublierai ce bruit terrifiant à la fois et enivrant pour l'artilleur qui, voyant d'un seul coup de son infernale machine tomber des bataillons entiers, puis excité par l'odeur de la poudre, dépouille l'homme et devient semblable au tigre avide de sang, qui tue pour le plaisir de tuer ; vous le voyez courbé sur sa pièce, les mains et la figure noircis, les yeux injectés de sang, la casquette sur l'oreille, ou de travers, ou par terre, il se repaît du carnage et de la mort qu'il vomit à torrents ; voyez, il pointe lentement, pas un muscle de son visage ne remue, l'opération est courte ; cependant le voilà qui se relève, un sourire sinistre sur les lèvres ; ah ! c'est qu'il a choisi son tas, il sait que maintenant, sur un signe de son chef de pièce, le peloton qu'il a visé va mordre la poussière, et, la main sur la manivelle, il regarde son officier pour lui faire comprendre qu'il est prêt ; ce signale donné il tourne, et quels cris de joie lorsqu'il a réussi ! avec quelle fiévreuse ardeur, encouragé par son adresse, il recharge sa pièce et la dirige sur un nouveau groupe, les dents serrées, les lèvres contractées de ce sourire nerveux et diabolique, que nous avons eu nous-même et qu'inspire le plaisir que l'artilleur éprouve à la vue des monceaux de cadavres tombant devant lui à chaque décharge ; il lui arrache ce cri : « Ah ! quel beau coup » !!

C'est un sentiment étrange, inouï, indéfinissable que cet enivrement qui s'empare de l'homme à l'odeur de la poudre, à la vue du sang ; le meilleur devient une bête fauve à ce spectacle dont il ne peut se rassasier, et qui le lendemain ou le jour même, la bataille terminée, le fait frissonner d'horreur.

Voilà ce qu'éprouve l'artilleur dont le feu réussit ; le fantassin qui aborde l'ennemi corps à corps éprouve ce sentiment à un degré moindre, préoccupé qu'il est de défendre sa vie plus directement menacée ; aussi sa position sur le champ de bataille est-elle bien préférable à celle de l'artilleur qui, immobile à sa place, voit la terre labourée tout autour de lui, attendant stoïquement le boulet qui doit le labourer lui-même. La vie du fantassin est certainement aussi en danger, mais lui peut remuer, aller, venir, il change de place, marche en avant, court en arrière (beaucoup trop malheureusement ; nous en avons déjà touché un mot), et le mouvement qu'il se donne lui évite d'attendre la mort cloué au même endroit, ce qui à certains moments est singulièrement énervant.

A quatre heures, la garde étant également entrée en ligne, l'action était devenue plus générale ; les forts trouvant l'ennemi à portée tirent, bien que loin, au moins quatre mille mètres, avec une grande justesse et firent beaucoup de mal à l'ennemi. Nos mitrailleuses surtout firent merveille, pour employer l'expression à la mode.

Pendant plus d'une heure il fut impossible à l'ennemi de s'établir en batterie ; ses régiments d'infanterie qui peuplaient les bois ne pouvaient en sortir sans être détruits en un clin d'œil ; enfin, le soir, vers huit heures, une charge à la bayonnette sur toute la ligne décida la victoire.

Les Prussiens furent poussés vigoureusement à plus de cinq kilomètres du champ de bataille, et dans leur fuite incendièrent deux villages, nous apprenant ainsi la tactique qu'ils doivent suivre dans cette guerre, où ils détruisirent tout sur leur passage, sans aucun profit pour eux, et dans le seul but de ruiner le pays.

L'ennemi perdit beaucoup de monde dans cette bataille, nos pertes furent également sensibles, surtout en blessés, presque toutes les blessures de balles étaient aux jambes; ceci s'explique par le poids du fusil prussien et son recul considérable qui le rendait difficile à tenir en joue. Aussi, après quelques coups, le soldat prussien est-il obligé d'appliquer son fusil sur le bout de la cuisse, position dans laquelle il ne peut pas viser et les balles perdues blessaient les jambes moins protégées que le corps par les vêtements. Notre fusil Chassepot a une supériorité incontestable sur le fusil à aiguille, supériorité reconnue par les officiers prussiens; outre le poids qui est d'un bon tiers en plus pour le second, celui-ci à partir de 800 mètres n'est plus à craindre, et la justesse de son tir ne dépasse pas 500 mètres. A 500 mètres, au contraire, le Chassepot est à sa hausse la plus juste, et entre des mains habiles, à 800, 1.000 et 1.200 mètres, il est encore une arme redoutable.

Avec un feu bien nourri, des soldats calmes et serrés peuvent arrêter l'infanterie ennemie sans qu'une balle de cette dernière les atteigne eux-mêmes; malheureusement on n'a pu expérimenter ce résultat précieux, à cause du peu de solidité que présentèrent la plupart des régiments d'infanterie, dont la conduite dans cette guerre compromit gravement la vieille réputation de l'infanterie française. Mettons hors de cause, bien entendu, les zouaves, turcos et chasseurs à pied, qui seront toujours les premiers soldats du monde. Quelques régiments de ligne ont, du reste, aussi vaillamment combattu, ce furent ceux qui se trouvaient encore bien organisés au début de la campagne.

Qu'on ne croie pas que le peu d'enthousiasme que nous montrons pour la ligne soit un parti pris contre cette arme; toutes les voix recueillies de toutes les autres troupes des différents corps d'armée s'accordent à dire que c'était parfois un triste spectacle de voir les fantassins le nez dans la terre et ne se levant qu'avec la plus grande peine pour marcher en avant, même avec l'humiliant stimulant de grands coups de plat de sabre de leurs officiers pour les faire avancer.

Un homme est blessé, dix se précipitent pour lui porter secours, et s'il a l'énergie de dire à ses camarades qu'on a besoin d'eux là-bas : « Laisse-toi faire, va ! laisse-toi faire ! » et dix l'enlèvent de terre malgré lui et le portent à l'ambulance. Ce fait, nous l'avons vu, nous en affirmons l'exactitude.

Nous-même avons été blessé, et bien que ne pouvant nous traîner qu'avec la plus grande peine, n'avons accepté le secours que d'un seul homme, conducteur démonté, brave garçon, qui retourna au feu immédiatement, eut cinq chevaux tués sous lui, fut blessé à la figure et ne fut proposé pour aucune récompense sous le prétexte qu'il était trop jeune soldat !!! Mais j'anticipe sur les événements, ce dernier fait se passant à la bataille du 18.

Comme la nuit était venue, on ne poursuivit pas l'ennemi. Aussi imprima-t-il dans ses bulletins qu'il avait remporté la victoire. Nous couchâmes sur le champ de bataille à la lueur sinistre des deux villages en flammes, dont les malheureux habitants s'étaient trouvés aussi subitement que cruellement chassés de chez eux.

Cette nuit fut froide, on ne dressa pas de tentes et le givre tombait en abondance. Le repos, si repos il y eut, fut de courte durée, à deux heures du matin on se leva, chacun crut qu'on allait marcher à l'ennemi pour achever sa déroute, lorsqu'on s'aperçut, avec désappointement, qu'on prenait le chemin opposé et qu'on rentrait à Metz.

Je ne crois pas ceci une faute, car de nombreuses forces ennemies avaient déjà passé sur la rive droite de la Moselle, et il fallait songer à garantir la partie ouest de la ville, les forts de Saint-Quentin et des Carrières, dont l'armement n'était pas complètement achevé.

Nous repassâmes la rivière au point du jour et nous changeâmes de campement deux fois dans la journée, tournant chaque fois en cercle pendant deux heures, notre brave colonel ne trouvant jamais un emplacement à sa fantaisie et, finalement, nous mettant toujours au plus mauvais endroit. C'était le colonel S..., frère du général du même nom, président du comité d'artillerie et commandant en chef, nous l'avons déjà dit, l'artillerie de l'armée, homme d'une haute intelligence et auquel son frère, notre colonel, dut, dit-on, beaucoup.

Une petite anecdote touchant le colonel ; se trouvant un jour à Metz dans un salon, il entama une conversation avec un lieutenant d'artillerie, on causa métier bien entendu, et le colonel trouvant ce lieutenant bien au courant de ce qui se passait dans le régiment qu'il commandait, lui dit : « Mais de quel régiment êtes-vous donc ? » Grand ébahissement de son interlocuteur qui se trouvait être un des plus anciens lieutenants de son régiment, proposé pour capitaine, et qui lui répondit après quelque hésitation : « Mais du vôtre, mon colonel. — Ah ! oui, oui, c'est juste » se hâta de dire l'officier supérieur, qui ne voulait pas avoir l'air coupable d'une telle ignorance ; « c'est juste, le lieutenant, le lieutenant... », mais le malheureux nom ne venait pas, les pommettes du colonel commençaient à se colorer légèrement... « Miciol », dit alors l'oublié, souffrant intérieurement de l'embarras de son chef. « Ah ! c'est vrai ! pardon, je ne sais pas où j'ai la tête ce soir. » Le fait est que la rumeur publique disait que sa tête le quittait quelquefois.

Je tiens cette anecdote de M. Miciol lui-même, officier plein de mérite, marié, père de deux petites filles, et qui attendait les épaulettes de capitaine et la croix pour donner sa démission et se lancer dans l'industrie ; nous dirons dans le chapitre suivant comment ses rêves de repos et de tranquillité se sont réalisés.

CHAPITRE VII

BATAILLE DE GRAVELOTTE

Nous étions au 15 août, mais ce ne fut pas un jour de fête, nos pensées étaient loin d'être gaies; nous pressentions une grande bataille; chacun la désirait et était plein d'ardeur, farouche, triste : il fallait venger nos premiers désastres, nous nous battions en France, sous les murs de notre garnison, nous étions mécontents de cette retraite après la victoire de la veille et nous pensions peu de bien du Souverain qui avait si mal combiné ses plans et qui se trouvait au milieu de nous pour faire manquer, disaient les soldats, ceux de notre général en chef.

Le soir nous reçûmes l'ordre de nous tenir prêts à partir dans la nuit. Je fus conduire à Metz un jeune homme de ma pièce, bien malade, que le capitaine traînait après la batterie depuis deux jours, sans s'occuper aucunement de le faire entrer à l'hôpital.

Je sais qu'à certains moments la sévérité, une certaine dureté apparente, sont quelquefois de rigueur, mais lorsque le 15 nous eûmes campé et que je demandai à mon capitaine d'emmener cet homme qui était étendu par terre pris d'un étouffement qui faisait croire à son dernier soupir, il me renvoya grossièrement, suivant son habitude, en me disant qu'il n'avait pas de voiture pour le transporter. Deux heures plus tard je retournai auprès de lui et lui dis d'un air que mon indignation rendit sévère, je m'en accuse, que cet homme ne pouvait mourir là et qu'il fallait aviser au moyen de le transporter. Il m'envoya alors chercher le médecin, exigeant un billet d'hôpital en règle, ce qui dans la circonstance était inutile. Le médecin constata une fièvre typhoïde bien déclarée et m'envoya chercher une voiture d'ambulance; à l'ambulance on me dit que les voitures n'allaient pas chercher dans les camps (tout, tout était mal

organisé!); je reçus enfin l'ordre de décharger une voiture
et de m'en servir, puis un instant après on me rappela pour
me dire de prendre seulement l'avant-train et sur mon
observation qu'il était impossible que le malade pût s'y
tenir: «Eh bien, on l'attachera»! fut la seule réponse de mon
féroce capitaine, qui me tourna le dos. Il n'y avait pas à
insister, je me retournai furieux, sans prendre la peine de
cacher mon indignation, et je conduisis ainsi mon malade
au petit pas, le tenant dans mes bras avec beaucoup de peine
pour l'empêcher de glisser de ce siège dur et incommode;
il mourut quelques jours après. C'était un enfant de dix-
sept ans, engagé volontaire, d'une famille aisée de fermiers
lorrains. La fièvre typhoïde emporta beaucoup de jeunes
gens de cet âge, trop faibles encore pour supporter les
fatigues d'une campagne pluvieuse comme le fut la nôtre.

A deux heures du matin, les canons sont attelés et on
monte à cheval après avoir pris le café; à trois heures, on
part. Le bruit court qu'on se dirige sur Verdun par Briey,
on ne parle pas de bataille probable.

Le général Ladmirault s'était dirigé directement sur Verdun avec son corps d'armée et une partie de la réserve d'artillerie; toute la réserve de cavalerie, c'est-à-dire deux régiments de dragons et deux de hussards avec deux batteries
d'artillerie, allaient en reconnaissance en obliquant à droite
du côté de Briey pour rejoindre ensuite le corps d'armée.
Après deux ou trois heures de marche nous nous arrêtâmes
assez longtemps pour permettre à la cavalerie d'aller reconnaître la route. Arrivés à Sainte-Marie-aux-Chênes, nous
quittâmes la route de Briey pour prendre à gauche un chemin à travers champs qui devait nous conduire à la grand'-
route de Metz à Verdun. Nous rencontrâmes à peu de distance de la route que nous venions de quitter un chemin
de fer en construction; il fallut arracher les piquets des palis-
sades et les fils de fer pour ouvrir un passage, assez étroit à
cause des talus, et je crois que si nous avions été attaqués
dans cet instant, nous aurions pu être embarrassés. Mais on
négligeait même les précautions les plus élémentaires
d'une marche qui consistait à ne jamais s'avancer sans

éclaireurs chargés d'aplanir les difficultés de la route que la troupe qui suit doit parcourir.

A quelque distance, il fallut traverser des bois, alors les éclaireurs furent envoyés dans toutes les directions, et, rien n'ayant été signalé, on passa tranquillement, et, de l'autre côté du bois, on vit, un peu sur la gauche, un camp français assez étendu, dont on devait connaître l'existence et qui avait dû s'assurer lui-même contre toute surprise. Le général Legrand qui nous commandait, aurait pu marcher beaucoup plus vite et se dispenser de s'éclairer avec tant de soins s'il eût connu l'appui qu'il avait à proximité.

A ce moment, il était onze heures ; nous entendîmes au sortir du bois un bruit sourd ressemblant au canon ; nous écoutâmes tout en marchant, et bientôt le doute ne fut plus possible : on distinguait très nettement le bruit des mitrailleuses. Notre général fit alors ce qu'il y avait à faire en semblable circonstance : il nous lança dans la direction où le bruit nous annonçait qu'une bataille sérieuse se livrait, et, après une course d'une dizaine de kilomètres dont nous fîmes la plus grande partie au grand galop, nous arrivâmes près du champ de bataille.

Tout allait bien : à cet instant on ne voulait pas engager les réserves (1). Nous attendîmes derrière un pli de terrain le moment de donner, et nous déchargeâmes les caissons de tout ce qui pouvait nous embarrasser, tels que vivres, avoine, etc..., on laissa tous ces objets par terre, la réserve de la batterie devant les prendre et nous les conserver, la bataille finie.

Enfin, à midi et demi, nous marchons en avant ; cette fois nous nous engagions pour de bon, nous allions véritablement recevoir le baptême du feu, et chacun brûlait d'envie de prendre enfin part à la grande lutte.

Nous longeâmes d'abord l'extrême droite du champ de bataille, du côté de Vionville et nous fîmes retirer par

----

(1) Faute que l'on ne commettrait plus aujourd'hui : on ne garde que de l'infanterie en réserve et l'on engage, s'il le faut, toute l'artillerie pour obtenir au plus tôt la supériorité du feu (note de l'éditeur).

quelques coups de canon, un groupe d'éclaireurs assez
nombreux qui semblaient de leur côté vouloir se mesurer
avec notre cavalerie; un échange de coups de fusils eut
lieu et les uhlans se retirèrent; au bout d'un instant, nous
obliquâmes à gauche et sur l'ordre du général Ladmirault
nous fûmes nous placer en batterie tout à fait en première
ligne, pour aider les batteries qui s'y trouvaient déjà à
répondre au feu des Prussiens établis à deux mille mètres
environ, à gauche du village de Mars-la-Tour.

Il était midi; de concert avec d'autres, ma batterie a
commencé sur l'artillerie prussienne, qui se renforçait
d'heure en heure, un feu épouvantable, qui n'a cessé qu'à
huit heures, à la nuit close; ma batterie a été une des plus
exposées, surtout pendant une heure, où les projectiles
ennemis venaient éclater au milieu de nous. Les Prussiens
tirent bien le canon! je reconnais qu'ils tirent mieux que
nous.

Nous quittons cette place pour en prendre une autre sur
un terrain plus favorable, sol labouré où les obus entrent
en terre sans éclater, mais les balles sifflent avec une inten-
sité effrayante, plusieurs fois aussi les obus tombent si
près de moi qu'ils me couvrent de terre ainsi que les ser-
vants de ma pièce. Je ne suis pas touché, aussi dois-je une
fière chandelle à notre patronne sainte Barbe, car à ce
moment nous sommes en mauvaise posture. Un éclat seul
me tombe sur le pied sans me faire aucun mal; ma pièce
est un peu dégradée et mon pauvre lieutenant est presque
coupé en deux près de moi; il est bien regretté de nous
tous; c'était un tout jeune homme sortant de l'Ecole d'application.... Lui aujourd'hui! nous demain!

Nos mitrailleuses font un effet terrible: en un instant,
mais à bonne portée seulement, elles couchent à terre un
régiment presque entier; j'ai une batterie de mitrailleuses
à ma droite, les Prussiens dirigent spécialement sur elle
un feu violent; elle est fort maltraitée, mais elle rend avec
usure le mal qu'on lui fait; les ennemis perdent beaucoup
de monde; de notre côté, les lanciers de la garde sont
cernés par trois régiments de uhlans et en partie massacrés.

Nos fantassins, le soir, à sept heures et demie, se sont lancés à la baïonnette après que notre artillerie leur eut préparé la voie par son feu de tout le jour. Rien ne leur résiste ! Les Prussiens faits prisonniers disaient : *Fife le France pour le baïonnette !...* La bataille excite les cœurs, la poudre enivre ; si les premiers coups de canon menaçants, surtout les premiers obus tombés près de moi, m'ont fait un certain effet, peu après j'étais aguerri, tout à fait calme et regardais tranquillement dans ma jumelle où portaient mes coups ; je ne pensais plus même au sifflement continu des balles et des projectiles.

Quant à la description du champ de bataille, elle serait horrible : bras et jambes coupés, plaies hideuses, corps mutilés ou hachés sont choses tristes à voir. Eh bien ! telle est la surexcitation, qu'on n'y fait pas attention ; le succès qu'on cherche empêche l'esprit de s'y arrêter ; un homme tombe, reste là, sans que ses cris arrêtent ses camarades.

Mon capitaine, dont j'ai dû plus haut décrier la dureté, a été d'un calme imperturbable et d'une rare énergie.....

Ici le récit s'arrête ; le malade n'a plus la force d'écrire.

Quelques lignes encore extraites d'une lettre au crayon datée de Metz, le 19, au lendemain de la bataille de Saint-Privat, lettre parvenue cinq mois plus tard :

CHAPITRE VIII

BATAILLE DE SAINT-PRIVAT (18 AOUT)

Nous avons encore livré aux Prussiens une bataille terrible de quatre heures du matin à huit heures du soir ; nous avons été un peu surpris. Le résultat a été, je crois, triste pour nous.

Ma pauvre batterie, toujours en tête malgré les pertes subies le 16, a été massacrée presque entière, m'a-t-on dit, moi je suis blessé à la cuisse et au mollet par un éclat d'obus, je n'ai rien de cassé, la blessure n'est heureusement pas grave, ma montre m'a protégé. Je suis actuellement à l'ambulance du polygone de Metz, on parle d'évacuer tous ceux qui sont transportables pour faire de la place aux très grièvement blessés (1) qui sont en nombre effrayant. La guerre devient atroce, ce n'est plus qu'un massacre de part et d'autre....., pauvre 5ᵉ batterie ! les pièces étaient servies par l'infanterie, plus d'artillerie, tous les chevaux tués.....

Suit le canevas non rempli du récit qui devait continuer :

DEUXIÈME PARTIE

LE BLOCUS

CHAPITRE I
DU 18 AU 31 AOUT

CHAPITRE II
BATAILLE DE SERVIGNY

CHAPITRE III
SEPTEMBRE-OCTOBRE
COMBATS DE PELTRE, DE LADONCHAMPS ET DE LESSY.
FAMINE

Lettre confiée à ballon perdu.

« Je me porte bien, je suis entièrement remis de mes
« deux blessures, qui du reste n'étaient pas graves. Bon
« courage et bon espoir.

« Camp de Metz, le 24 septembre 1870.
« A. C. »

CHAPITRE IV
LA CAPITULATION

(1) L'investissement ne l'a pas permis (note de l'éditeur).

TROISIÈME PARTIE

LA CAPTIVITÉ

CHAPITRE I

TRAINÉS AUTOUR DE METZ AU CRI DE VORWERTZ
(EN AVANT MARCHEZ!)

CHAPITRE II

LE CAMP DE LA BOUE, SAINTE-BARBE, LES ÉTANGS, BOULAY

CHAPITRE III

SARRELOUIS, COLOGNE

CHAPITRE IV

WESEL

A nous maintenant de reprendre la place d'A. Chantron, et de clore la notice du début. Mais le canevas qu'il a tracé ne sera pas rempli; non seulement la plume est tombée, la pensée s'est glacée, mais la pauvre mère destinataire de ce récit n'a pas pu nous en donner la suite : accourue auprès de ce fils pour le voir mourir, elle s'est éteinte elle-même peu de temps après sans avoir la possibilité ou la force de le compléter par l'écho de confidences reçues.

Le brave enfant avait fait son devoir et méritait l'épaulette que le 15 août 1870 le gouvernement lui accordait sans que cette promotion parvînt jamais à destination. Elle l'eût sauvé car il est mort des misères qu'il a subies dans le camp de Metz, dans les allées et venues, au milieu de la boue après la capitulation, dans sa captivité à Wesel.

Nous donnons plus loin le relevé des réformes que A. Chantron demandait : quelques-unes sont justes et ont été accomplies.

Enfin, pour suivre ces lignes, nous donnons dans leur naïveté matérielle, et quelquefois poignante, les éphémérides de son carnet. Elles s'arrêtent comme le récit lui-même lorsqu'il ne peut plus écrire. Cependant nous savons par quelques lignes griffonnées pour sa chère sœur qu'il se raccroche à des plans d'avenir, qu'il lui demande à se refaire près d'elle dans la belle Provence qu'elle habite... Mais le mal est trop profond; pieusement il fait parfois son sacrifice. A la signature de l'armistice, il n'y a plus d'espoir : il monte mourant dans un wagon, et quoiqu'il lui semble qu'il va revivre en se rapprochant de la terre chérie de France, il meurt avant de la revoir, entre les bras de sa mère.

Il repose à Vienne, entre son père et sa mère.

Général MEYSSONNIER.

ÉPHÉMÉRIDES

Le 16 juillet. — Parti de Metz pour Longwy.

Le 31. — Parti de Longwy pour rejoindre la batterie à Thionville.

Du 31 juillet au 12 août. — Kedange (probablement Kerlange), Boulay, Bouzonville, les Étangs, Sainte-Barbe, fort Saint-Julien.

Le 14 août. — Bataille de Borny.

Le 16. — Bataille de Gravelotte. — Mort du lieutenant Morel. — Batterie ennemie prise et abandonnée. — Fossé rempli de dragons ; 150 hommes pour les retirer. — Massacre de lanciers de la garde.

Le 18. — Bataille de Saint-Privat. — Deux blessures à la jambe. — Munitions refusées à l'infanterie. — Débâcle. — Jeunes soldats de l'infanterie. — Lieutenant Miciol : jambes emportées.

Du 18 août au 26 octobre. — Blocus de Metz. — 40,000 chevaux mangés.

Le 26 août. — Sortie manquée, et cependant la pluie fouettant le visage de l'ennemi.

Le 31. — Bataille de Servigny.

Le 1er septembre. — Continuation de la bataille.

Le 7 octobre. — Combat de Ladonchamps.

Le 26. — Signature de la capitulation, par une nuit épouvantable.

Le 29 (samedi). — Départ du camp. — Adieu aux officiers. — Saint-Privat.

Le 30. — Maizières.

Le 31. — Sainte-Barbe par Metz. — Camp de la boue. — Affreuse nuit.

Le 1er novembre. — Séjour à l'ambulance. — Perdu la batterie.

Le 2. — Les Etangs. — M'associe à la 5e batterie du 19e d'artillerie.

Le 3. — Boulay.

Le 4. — Tromborn. — Offre d'évasion.

Le 5. — Sarrelouis. — Couché au cimetière.

Le 6. — Trèves en chemin de fer. — Couché à Bittburg, à l'hôtel. Arrivé à minuit.

Le 7. — Gérolstein. — Arrivé en diligence. — Couché dans la salle à manger, sur une caisse de lauriers.

Le 8. — Séjour à Gérolstein. — Campés.

Le 9. — Cologne (Köln). — Chemin de fer. — Dîner. — Repartis et arrivés à Wesel à dix heures du soir. — Café chantant. — Buffet. — Bonne nuit.

Le 10. — Installés dans une île du Rhin, dans des baraques en planches, — lit de paille, — couverture, — mauvaise soupe, — pain détestable, — composition de mon escouade.

Le 11. — Dénué de tout argent, écrit à ma mère, à l'oncle Alphonse, à tante Sophie.

Le 13. — Ecrit à Joséphine et à X.

Le 14. — Ecrit à grand'mère.

Le 15. — Ecrit à Alphonse G., à Y. et à Z.

Le 25. — Reçu des paillasses.

Le 25. — Engagé ma montre pour 15 fr., — mangé à la restauration, — connu M. Borgers jeune, chapelier à Paris, 127, faubourg Saint-Antoine, et demeurant à Wesel, Steinstrasse, 71, — je vais mieux.

Le 1er décembre. — Ecrit à ma mère.

Le 2 au soir. — Reçu 8 thalers, 30 francs, de Joseph, de Halberstadt.

Le 4. — Reçu la lettre de Joseph, une lettre de ma mère m'annonçant 100 francs, — écrit à ma mère et à Joseph, — demandé à Joseph de m'appeler près de lui, au besoin comme ordonnance.

Le 5. — Ecrit à Joséphine et à M. X., — dîné chez MM. Tillman, en ville, sur une attestation du médecin.

Le 6. — Reçu 100 fr. de ma mère par X...

Le 7. — Ecrit à ma mère par M. X...

Le 8. — Reçu de M. X..., de la part de je ne sais qui, 25 thalers, 93 fr. 75, — par l'intermédiaire de M. Borgers. — Coupé les cheveux, taillé la barbe, réparé mon pantalon, acheté un béret.

Lu l'*Indépendance belge*, appris la sortie heureuse, puis repoussée de l'armée de Trochu, reprise d'Orléans par les Prussiens. Dix mille prisonniers! Armée de la Loire, — camp de Conlie, — Kératry.

Le 9. — Reçu une lettre de Gand de M. R. — Acheté un gilet de laine.

Le 10. — Acheté un pardessus, — une carte, — reçu la permission de loger en ville, sous certaines conditions. — Pris une chambre chez M. Schmitz, boulanger, Kurtzstrasse, 1250, moyennant 7 thalers, soit 26 fr. 25, avec café au lait le matin, fait emplettes diverses le soir même avec M. Borgers, — reçu une lettre de ma mère du 29 novembre, une de ma grand'mère.

Le 11. — Acheté une jaquette et un gilet. — Premier jour de ma pension chez M. Schmitz.

Le 12. — Bu une demi-bouteille de vin. — Acheté objets de toilette et matériel d'éclairage.

Le 13. — Arrivée à onze heures de ma mère et de Louis.

Le 14. — Vu le docteur Birbonn. — Vu M. Péregaux délégué du comité Lyonnais pour visiter les prisonniers français. — Ecrit à Joseph, renvoyé 30 francs.

Le 16. — Payé M. Schmitz sept jours 8 fr. 25. — Lu le rapport sommaire sur les opérations de l'armée du Rhin du 13 août au 29 octobre par le maréchal Bazaine.

. . . .

LES RÉFORMES DEMANDÉES

1re Donner à la cavalerie le poitrail et les traits de l'artillerie. — Etude sérieuse de l'enlèvement des pièces.

2º Apprendre à tous les fantassins la charge du canon et leur faire faire une école à feu.

3° Supprimer la corde d'attache aux chevaux pour adopter l'entrave individuelle.

4° Réformes complètes dans les voitures de bagages.

5° Appeler sévèrement l'attention sur le service de l'enlèvement des cadavres, un officier chargé de ce service.

6° Services des réserves à mettre à part de celui des batteries. — Officiers et sous-officiers spécialement chargés de ce service.

7° Emploi plus judicieux des batteries à cheval, elles peuvent rendre de très importants services.

8° Instruction pratique insuffisante de la plupart des généraux, quant au parti qu'ils peuvent tirer des autres armes.

9° Temps de la Chevalerie passé — chercher à tuer le plus d'hommes à l'ennemi tout en profitant du moindre abri, comme à la batterie à pied.

10° Réforme totale de la discipline.

11° Service de l'état-major à refaire entièrement.

12° Service de reconnaissance de la cavalerie — officiers d'état-major parlant la langue en faisant partie — ou interprètes sûrs et braves.

13° Modification dans l'armement — revolvers à la cavalerie. — Emploi plus fréquent du fusil avant la charge quand on n'a devant soi que la cavalerie. (Fusil de la cavalerie française supérieur au fusil de l'infanterie prussienne.)

14° Pelotons d'encloueurs dans l'infanterie et la cavalerie et non dans l'artillerie.

15° Faire marcher en campagne l'artillerie par régiments, ou fractions de régiments — dans le cas contraire chef d'escadron complètement inutile pour la conduite de ces deux batteries.

16° Grande faute dans la suppression des rengagements avec prime, qui a fait disparaître les vieux soldats.

17° L'infanterie doit être placée sur les flancs de la batterie et non devant et derrière.

18° Suppression du combat à pied dans la cavalerie.

19° Suppression des escortes des généraux qui ne font que servir de point de mire.

20° Modification dans la tenue. — Suppression de l'habit, vêtement incommode et trop chaud l'été. — Suppression du col. — Soins à apporter à la chaussure de l'infanterie. — Capuchon ou manteau. — Son utilité la nuit pour les yeux.

Lyon. — Imprimerie Emmanuel Vitte, rue de la Quarantaine, 18.

L'UNIVERSITÉ

CATHOLIQUE

Revue publiée sous la direction

D'un Comité de Professeurs des Facultés Catholiques de Lyon

Avec le concours

DE NOMBREUX SAVANTS & ÉCRIVAINS

REVUE PARAISSANT LE 15 DE CHAQUE MOIS

On s'abonne au Secrétariat général des Facultés catholiques, rue du Plat, 25 ; chez M. Emmanuel VITTE, libraire-éditeur, place Bellecour, 3, et dans tous les bureaux de poste.

Le meilleur mode d'abonnement est l'envoi d'un mandat-poste de 20 francs à l'adresse du gérant (M. l'abbé CHATARD, Facultés catholiques, rue du Plat, 25, Lyon), ou à celle du libraire de la Revue (M. Emmanuel VITTE, place Bellecour, 3).

Lyon. — Imp. Vitte, rue de la Quarantaine, 18.

www.ingramcontent.com/pod-product-compliance
Ingram Content Group UK Ltd.
Pitfield, Milton Keynes, MK11 3LW, UK
UKHW022209070726
13613UKWH00004B/1550